AF494591

ÉLOGE HISTORIQUE DU FEU P. ANDRÉ,

Auteur de *L'ESSAI SUR LE BEAU.*

Professeur Royal de Mathématiques, de la Société des Belles-Lettres de Caen.

Par l'Editeur des Œuvres de cet Auteur.

A PARIS,

Chez GANEAU, Libraire, rue Saint Severin, près l'Église, aux Armes de Dombes.

M. DCC. LXVI.

Avec Approbation & Privilége du Roi.

Roi au Présidial de cette dernière ville. Ce fut là qu'il fit ses premières études d'humanités & de philosophie, après lesquelles l'amour de la retraite & le goût du travail l'attirèrent chez les Jésuites. Il y fut reçu le 13 Décembre 1693. Dès ce moment, il se regarda *comme entièrement confisqué à Dieu & à la Religion.* C'étoient ses expressions; & cette idée si juste de l'état religieux forma dans lui le plan, & consacra, pour ainsi-dire, tous les momens de soixante-dix années d'une vie laborieuse. Dès-lors sa famille, quoique chère à ses sentimens, devint presque étrangère à son commerce; ses rapports avec le monde furent déterminés par une utilité réelle; & dans ses occupations diverses, il ne se crut permis d'être & de paroître homme de lettres, bel-esprit, & philosophe, qu'au profit de la religion. Quelques lettres de ses premiers Maîtres, font voir qu'ils entrevîrent dès sa jeunesse, les heureux fruits de son génie & de ses talens. Cependant, les grands théâtres ne lui furent point ouverts; &, jusqu'en 1726, il ne remplit aucun de ces postes brillans que les grands talens honorent, mais dont-ils se passent plus facilement, que ne font des génies subalternes. On ne peut douter que ce ne fut une économie dans les Supérieurs du P. André, qui eurent plus d'égard à la délicatesse de sa complexion, qu'à la gloire de leur corps.

Les seize premieres années qui s'écoulèrent après la régence des humanités & les études de Théologie, furent employées à professer la Philosophie en Province, & à la police des classes. La Providence servit en cela plus ses goûts que ses talens. Jaloux d'être utile, il ne l'étoit pas d'être connu (*a*); peu curieux de débiter de la sçience, comme il s'exprimoit lui-même, il l'étoit infiniment d'en acquérir. Aussi ses richesses littéraires se sont-elles prodigieusement augmentées dans cet intervalle. L'amour de l'utilité publique qui captivoit son loisir, ne fut jamais un prétexte pour l'accroître aux dépens de ce qu'il devoit à ses différents postes. Homme d'ordre, par caractère autant que par devoir, quelque emploi qu'on lui eût confié, ses goûts

(*a*) *Mille graces de vos soins*, écrivoit-il à son Editeur, *& sur-tout* de l'incognito *que vous me laissez garder. Il n'est ici question que de servir Dieu & le public.* Lett. du 16 Décembre 1762.

eussent toujours été subordonnés au devoir de sa place ; il auroit sçu la rendre importante, par le zèle de la perfection, par l'amour du vrai, de l'utile & du solide qu'il y auroit porté. Maître de Philosophie, dans un tems où les découvertes faites par les Académies ne transpiroient encore que foiblement dans les colléges, le P. André ne vit dans les routes frayées par la plupart de ses prédécesseurs, qu'un pénible labirynthe, où l'on engageoit infructueusement la jeunesse. Des questions barbares, assemblées sans méthode, développées sans goût & sans style, hérissées de termes plus abstraits, plus obscurs que les questions mêmes, lui parurent plutôt un abus qu'une institution de Philosophie ; abus nuisible aux progrès, à l'amour de la vérité, &

meurtrier pour l'eſprit des jeunes-gens. Autre vice dans ces leçons de collége, qui n'avoient ſelon lui qu'une influence médiocre ſur les devoirs de la vie humaine, & preſqu'aucune ſur les devoirs de la religion. Il étoit étonné que l'art de bien vivre ne fût préſenté à la jeuneſſe, que comme l'art de beaucoup diſputer.

Ce fut pour remédier à tant d'abus qu'il dreſſa un nouveau plan, qu'il intitula *Philoſophie Chrétienne.* On y trouve une latinité pure, un très-bel ordre dans les queſtions, dont preſque toutes ſont diſcutées ſelon la méthode des Géométres, & ſur-tout ce goût de la religion & d'une morale ſaine, qui doivent occuper les prémices de l'eſprit & du cœur (*a*). Ce cours de Philo-

(*a*) Cet Ouvrage n'eſt point imprimé.

ſophie, a été dicté dans les principaux colléges de la Province, & à Paris, au collége de Louis-le-Grand, par pluſieurs Profeſſeurs. Ce n'eſt qu'une ébauche de ce que cet Auteur nous auroit donné en ce genre, ſi le tems ou des circonſtances favorables lui euſſent permis de retoucher & de perfectionner ſon ouvrage.

Nommé à la chaire de Profeſſeur Royal des Mathématiques au collége de Caen, en 1726, il remplit cette place avec la plus grande diſtinction juſqu'en 1759, qu'il céda aux ordres de ſes ſupérieurs & conſentit à prendre quelque repos, à l'âge de 84 ans.

Rien n'étoit plus analogue que cette ſçience à cet amour de l'ordre & du vrai, qui forma tous les goûts, dirigea la conduite & le travail du

P. André. Il aimoit les Mathématiques, comme il eût aimé la vérité même, s'il l'eût comme personifiée. Le seul desir de donner à cette science des prosélytes, put l'engager à se proportionner à la portée de jeunes élèves, peu capables de le suivre dans la haute Géométrie où son effort le portoit naturellement. Cette espèce de détente de son esprit n'en fut pas le moindre mérite. *Il en coûte quelquefois plus à l'esprit de descendre, que de continuer son vol; & tel est capable d'arriver aux plus hautes connoissances, qui ne sçait point y conduire* (*a*)?

Notre Mathématicien connut cet écueil. *Point de titre de livre plus imposteur*, disoit-il, *que celui d'Elémens; c'est un défaut à reprocher aux plus grands Maîtres.* Quand ses pre-

(*a*) M. de Fontenelle.

miers discours parurent, sous l'annonce modeste d'*Essai*, on auroit bien pu recriminer sur le titre.

De bons Elémens dans toutes les sciences, mais sur tout en Mathématiques, sont une chose rare. Notre Auteur avoit lu les nouvelles méthodes de son tems; il les trouvoit ingénieuses, mais surchargées de beaucoup d'inutilités, particulièrement dans ces belles spéculations sur les *courbes*, analysées par les nouveaux calculs, & dont la Nature offre si peu d'applications justes. Il travailla ses premiers Elémens de Géométrie, selon la méthode des modernes; mais bien-tôt il revint à ceux d'Euclide, qu'il trouvoit plus remplis, plus exacts, plus propres à donner à ses élèves l'esprit géométrique. Il se contenta de les traduire fidelement sur le texte grec;

cependant il leur donna son coloris, en les semant de descriptions curieuses & de réflexions agréables. Souvent même il y ajouta de nouvelles vues pour les éclaircir, & de nouvelles propositions pour les compléter. Son Euclide ainsi francisé, instruit autant & intéresse davantage.

Le P. André n'étoit point enthousiaste sur sa profession de Mathématicien ; il étoit dans son caractère de ne l'être sur aucun objet ; mais il possédoit dans un degré supérieur le grand art de captiver en enseignant. Il connoissoit les hommes, & savoit que ce n'est point à l'esprit seul, mais au cœur, mais quelquefois à l'imagination même, qu'il faut présenter les vérités qu'on se propose de faire adopter à l'esprit. C'est ainsi qu'il converſoit ; & l'on s'appercevra même à la lecture de ſes ouvrages les plus abſtraits, que telle étoit en écrivant ſa marche philoſophique. Ses Traités de Mathématiques portent l'empreinte de ce caractère. On y trouvera de la clarté & de la préciſion, de la facilité & quelquefois même de l'enjouement. Il a laiſſé huit Traités en ce genre, ſçavoir :

Une Arithmétique Univerſelle ; ou, Eſſai d'un nouveau Syſtême d'Arithmétique pour toutes ſortes de calculs.

Les Elémens d'Euclide, dont nous venons de parler.

Une Géométrie pratique.

Des Elémens d'Aſtronomie.

Un Traité Mathématique & hiſtorique de Géographie & d'Hydrographie.

Des Elemens de Méchanique.

Un Traité d'Optique.

Un Traité d'Architecture Civile & Militaire.

Notre Mathématicien donnoit la préférence à ſon Traité d'Arithmétique, parce qu'il croyoit y avoir préſenté une méthode neuve pour notre ſiècle. C'eſt, comme il l'avoue lui-même, la méthode de S. Auguſtin, trop négligée par nos Arithméticiens modernes. Elle conſiſte dans la diſtinction de deux eſpèces d'unités; unité arithmétique & unité géométrique; ou bien, unité indiviſible & unité diviſible. Ce principe ſimple lui paroiſſoit répandre dans les règles & les opérations de l'Arithmétique, un degré de lumiere & de facilité propre a en rendre l'étude plus méthodique & plus attrayante.

Nous nous occuperons dans la ſuite du ſoin de revoir ces huit Traités ; leur utilité ſeule nous décidera à les donner au public. En nous chargeant de publier les ouvrages du P. André, nous croyons devoir le repréſenter fidelement, autant qu'il eſt en nous ; & ne conſentir à mettre au jour ſon travail, qu'aux conditions qui l'auroient déterminé lui-même. *Je ne ſuis nullement curieux de l'impreſſion*, écrivoit-il à M. de Fontenelle, auquel il vouloit confier quelques-uns de ſes manuſcrits, *je vous prie de vous décider par le ſeul motif de l'utilité publique. Il y a tant de mauvais livres, que je ne veux point ajouter à leur nombre. Je ne voudrois pas même augmenter celui des médiocres. Je ſuis preſqu'également l'ennemi des uns & des autres, ce qui fait que je ne loue preſque point.*

Théologien par devoir, le P. André cultiva par goût la ſçience de la Religion. Il avoit fait dès ſa jeuneſſe une étude ſérieuſe de la ſainte Ecriture & des Peres tant grecs que latins. Il poſſédoit pleinement l'Hiſtoire eccléſiaſtique ; & , juſques dans l'âge le plus avancé, ſa mémoire lui en fourniſſoit les faits avec une facilité prodigieuſe. A l'égard de l'enſeignement de la Théologie, il goûtoit ſingulièrement la méthode du grand Boſſuet. Il auroit voulu comme lui qu'on eût ramené cette ſcience à la poſitive, à la connoiſſance des dogmes prouvés par l'Ecriture & par la Tradition. D'après ce principe, il avoit eſſayé autrefois de compoſer un corps entier de Théologie, qu'il vouloit traiter à-peu-près ſelon la méthode analytique des Géomètres,

Ce projet n'eut pas de ſuite. Il ne fit guères uſage de cette méthode, que dans un Eſſai qu'il compoſa en 1730, ſur la matière de l'excommunication, à l'occaſion des troubles qui agitoient alors l'Egliſe de France. Cet ouvrage a pour titre : *Traité analytique & hiſtorique de l'Excommunication.* L'Auteur s'explique en homme éclairé, ferme & ſage, ſachant diſtinguer le juſte d'avec l'arbitraire ; les droits d'avec les prétentions, & les principes d'avec leurs abus. Cet ouvrage ne fut point imprimé. Il offrit d'en compoſer d'autres ſur les matières du tems & ſur le fonds même des queſtions dogmatiques, plutôt pour éclaircir les doutes des Théologiens ou des fidèles de bonne foi, que pour prêter de nouvelles armes à l'eſprit de diſpute, trop éloigné de la modération de son caractère.

Il songeoit à écrire une Histoire du Peuple de Dieu, quand il apprit qu'un de ses confrères travailloit depuis quelque tems sur un semblable projet. On ne peut assurer que le P. André eût fourni une carrière aussi épineuse à l'abri de toute critique ; il est au moins certain qu'il eût conservé au langage des divines Ecritures & aux actions des Patriarches, la noble & majestueuse simplicité qui les caractérise.

Partisan de S. Augustin, même dans les matières profanes, le Pere André n'avoit garde d'abandonner ce grand maître dans la science de la Religion. Rien ne lui paroissoit comparable à ce sublime Docteur, pour l'élévation de l'esprit & pour la douceur du sentiment. Il trouvoit que la profondeur & la subli-

mité

mité de ses pensées, affoiblissoit le mérite de ses ouvrages dans l'esprit de bien des Lecteurs, qui ne veulent lire que couramment; &, que pour étudier avec fruit S. Augustin, il falloit beaucoup penser & beaucoup méditer. C'étoit ainsi que lui-même avoit sçu se pénétrer de toute la doctrine de ce Pere, au point de parler avec la plus grande facilité son langage, & de faire un usage continuel de ses principes jusques dans les matières étrangères à la Religion. On retrouve presqu'à chaque pas S. Augustin dans les Discours *du Beau essentiel, de la Mémoire, de la Science des Nombres*, &c.

On regrettera que le P. André n'ait point suivi le projet qu'il avoit formé de donner au public une vie de S. Augustin, avec une analyse raisonnée de ses différens ouvrages.

Le P. André étoit peut-être un des écrivains les plus capables de traiter un pareil sujet. Théologien, philosophe, bel-esprit; disciple, autant par conviction que par goût, de ce S. Docteur, il réunissoit toutes les qualités qui pouvoient assurer le succès de cette entreprise. Il l'abandonna, lorsqu'il sçût que le P. de Vitry travailloit à Rome sur le même plan. Il lui sembloit que le public étoit servi selon son objet; il lui étoit indifférent que d'autres en eussent la gloire (*a*). Notre Auteur avoit d'ailleurs mille autres ressources pour se rendre utile.

Une de celles qu'il cultiva pendant

(*a*) Nous sçavons cependant que le P. André a composé un ouvrage sur *la Cité de Dieu* de S. Augustin, qu'il nous seroit facile de reconnoître; mais nous n'avons pu en recouvrer les fragmens.

quelques années, fut la prédication. *Je vous avoue*, écrivoit-il au P. Mallebranche, en 1707, *que ce travail ne me déplairoit pas. On y rend de grands services à la Religion & au prochain. On y coopère avec Jésus-Christ, au grand dessein du Temple éternel. J'ai même imaginé une manière de prêcher, où je pourrai, sans choquer personne, faire entrer tout ce que notre Théologie a de plus sensible & de plus incontestable, avec ce qu'elle peut fournir de plus sublime & de plus pathétique; sur-tout les grandes idées qu'elle nous donne de Jésus-Christ. Mais je sens d'un autre côté, que je n'ai ni apparence ni fond.* On voit que le P. André n'avoit pas, sur l'éloquence de la chaire, le préjugé de quelques sçavans contemplatifs. Il seroit à desirer que cette idée si juste & si noble qu'il donne ici du miniſtère Evangélique, pût accréditer parmi nous & diriger en même-tems une profeſſion, qui depuis un demi-ſiècle paroît avoir dégénéré de ſon véritable éclat.

Sa défiance n'étoit fondée qu'à l'égard de ſes talens extérieurs. Non pas qu'une phyſionomie heureuſe n'annonçât dans ſes yeux & dans ſon front la beauté & le gracieux de ſon eſprit; mais ſon geſte & ſon maintien n'avoient guères que des attitudes forcées. Il étoit d'ailleurs d'une très-petite taille. Ces obſtacles ne l'empêchèrent point de prononcer avec ſuccès pluſieurs panégyriques, des exhortations, en préſence de ſes confrères, des ſermons d'Avent & de Carême dans la ville de Caen. Il acquit même dans cette carrière une célébrité, qui le fit connoître dans la Capitale (*a*). Mais ses amis lui conseillèrent de préférer la profession d'écrivain à celle de prédicateur.

On voit par la lettre de M. de Fontenelle, que nous citons en

(*a*) Voici ce que lui écrivoit en 1735, M. de Fontenelle, sur le bruit de ses sermons : « Votre réputation m'apprend, mon » R. P. que vous avez toutes sortes de talens. Vous êtes Mathématicien & Poëte, » & à ce qu'on m'a dit, encore Prédicateur. » En voilà certainement assez; & tout cela » me donne beaucoup d'espérance que vous » viendrez quelqu'un de ces jours à Paris. » Je serois ravi de vous y voir & de vous » connoître plus particulièrement. &c. &c.

« Je vous avoue, Monsieur, lui répondit » le P. André, que mon amour-propre n'a » été nullement flatté de cet assemblage de » titres, que vous me prodiguez sur des ouï-» dire plus qu'incertains. Vous me faites en» tendre par-là fort agréablement, que j'ai » couru trop de pays, pour être un habile » homme. J'ai passé successivement par tant » de métiers, que je n'ai pu me perfection» ner dans aucun .... &c. &c.

note, que le P. André n'étoit ennemi d'aucune Muſe. La Poéſie obtint quelques-uns de ſes momens. Une ſociété agréable qui s'étoit formée au Château de Caen, de tout ce que cette ville avoit de plus diſtingué dans la Nobleſſe & dans la Littérature, accueillit notre Auteur. Homme de retraite, il ſavoit ſe prêter par délaſſement aux charmes de la ſociété. Son ton de réſerve & de décence, donnoit un nouveau relief au tour gracieux de ſon eſprit. Une femme reſpectable par ſa naiſſance & par ſon mérite (*a*), étoit l'ame de ce nouveau Lycée. Un autre Ariſtote, ſe chargeoit d'y égayer par les graces de la Poéſie & de la Rhétorique, le ſérieux de la Métaphyſique & de la Morale. On

(*a*) Madame la Marquiſe de S. Luc.

entretenoit des relations avec plusieurs beaux-esprits de la capitale (*a*). M. de Fontenelle entra quelquefois dans ce commerce & applaudit aux saillies ingénieuses dont étoient remplies les lettres en vers, qu'écrivoit notre Auteur au nom de cette société. Nous n'avons aucunes de ces pièces. Le P. André attachoit trop peu de valeur à ces élégans badinages, pour prendre quelque soin de les conserver.

Une société d'une tout autre importance, aggrégea alors le P. André à ses travaux. M. l'Evêque de Bayeux (*b*), Protecteur de l'Académie des Belles-Lettres de Caen, le proposa pour remplir la place du

(*a*) M. de Forgeville, ancien Officier & Homme de Lettres, étoit un des principaux correspondans.

(*b*) S. E. Monseigneur le Cardinal de Luynes, aujourd'hui Archevêque de Sens.

P. de Vitry, ſon confrère, mort à Rome. Les talens diſtingués & l'aſſiduité conſtante du nouvel Académicien, juſtifièrent bientôt le choix qu'en avoit fait un Prélat, qu'on ſçait être juge éclairé de tout genre de mérite, & protecteur décidé des talens qui honorent la Religion.

Notre Auteur paya pluſieurs fois par d'agréables poéſies, ſon tribut Académique. Ces pièces, marquées au coin d'une Philoſophie enjouée & délicate, ſont : l'*Art de ſe former l'eſprit* ; l'*Art de converſer* (a) ; *les Plaiſirs de la campagne* ; *la Logique des Géomètres*, &c. Il avoit compoſé autrefois pour un jeune Seigneur, le Comte de Melun, un poëme ſur l'*Art de bien vivre.* Ce morceau a de

(*a*) Voyez les Mémoires de Trévoux, 11 Juillet 1765, où l'on rend compte de cette petite pièce, qui ſe trouve à la fin du IIe volume de cet Ouvrage.

vraies

vraies beautés; le P. de Tournemine y trouvoit des endroits dignes de Corneille. Nous donnerons au Public, à la suite des ouvrages du P. André, ce que nous pourrons recouvrer de ces différentes pièces.

Nous trouvons dans ses manuscrits quelques stances *sur la Pudeur Chrétienne*, qui ne sont pas toutes d'un égal mérite, & dont par cette raison nous nous contenterons de détacher ici quelques morceaux (*a*). Nous y joignons une de ses lettres

---

(*a*) *Sur la Pudeur Chrétienne.*

Fut-il jamais pour le bel-âge
Un ornement plus gracieux,
Que cet air de vertu dont une beauté sage
Pare ses attraits à nos yeux ?

O vous, qui desirez de plaire,
En voulez-vous apprendre l'art ?
Laissez le blanc, le rouge ; une pudeur sincère
Vous ornera mieux que le fard.

à M. de Fontenelle, au sujet de sa *Théorie des Tourbillons*, qui parut en 1752, dans laquelle se trouve une

---

C'EST elle qui donne la grâce
A ces brillantes qualités,
Où le Ciel a voulu nous montrer quelque trace,
De ses immortelles beautés.

SAINTE Pudeur! quels sont tes charmes,
Aux yeux de l'ordre & du devoir?
Quel abord, quel maintien! qui ne rendroit les armes
A ton invincible pouvoir?
. . . . :
. . . . ;

JEUNES cœurs de qui l'innocence
A des ennemis très-puissans;
Apprenez par la suite à vaincre à leur naissance
Les premiers assauts de vos sens.

SANS pudeur, qu'est-ce que votre âge?
Je n'y vois que honte & qu'horreur:
Un printems sans beaux jours, un été sans ombrage,
Un lys sans lustre & sans couleur.

TANTÔT une ardeur insensée
Vous entraînera malgré vous,

pièce de vers sur les Attractionnaires, dont l'Auteur lui-même nous fit part dans le tems (*a*). Le Pere André avoit alors 77 ans. Nous ne citons point ces pièces comme des

---

Et tantôt, en fureur, la raison offensée
Vous fera trembler sous ses coups.

Contre sa vengeance obstinée
Vous armerez de vains efforts;
Vous sentirez toujours qu'une ame n'est point née,
Pour être l'esclave d'un corps.

(*a*) *Vers sur les Attractionnaires.*

En vain, pour détruire un systême
Dicté par la Nature même,
A son plus fameux nourrisson,
Vous livrez l'Univers à des vertus magiques;
Dans vos espaces phantastiques,
N'entendrez-vous donc point la voix de la raison?
De l'Attraction & du Vide
Vous ne ferez jamais rien sortir de solide.
Qu'est-ce qu'*Attraction*? Un mot privé de sens,
Jadis trouvé par l'ignorance,
Pour couvrir son orgueil d'un masque de science;
Et pour le même emploi rappellé dans nos tems.

modèles ; mais nous les donnons comme des traits propres à caractériser, d'une part, cette belle simplicité de mœurs qu'on admira toujours dans le P. André ; de l'autre, ce tour d'esprit agréable qu'il con-

---

Le *Vide* est encor moins. Voilà donc deux néans,
Deux néans érigés en deux ressorts du monde,
Pour faire marcher avec art
Toute notre machine ronde
Par un calcul fait au hazard.
Que direz-vous, races futures,
Quand un jour vous verrez dans nos œuvres obscures,
Le repos, assigné pour père au mouvement ;
Et par une burlesque audace,
Le Vide mis à la place
Des Cieux & du Firmament ?
Et quoi ! craignons nous donc que le plein n'embarrasse
Par une contre-impulsion,
Du Souverain Moteur la divine action ?
Voila l'opprobre de notre âge :
Dire que le Tout-Puissant,
Sans le secours du néant,
Ne sçauroit faire un bel ouvrage.

ſerva juſques dans l'âge le plus avancé.

En fait de poéſie, le P. André avoit plus de goût que de verve, plus de critique & de délicateſſe que d'élévation. Il s'étoit familiariſé de bonne heure avec les Poètes anciens & modernes. Parmi nos François, il regardoit Corneille comme le plus grand, & Boileau comme le plus ſenſé de tous nos Poètes. Il faiſoit le plus grand cas du talent de Rouſſeau, qu'il oſoit *regarder comme le dernier de nos Poètes;* mais ſans doute il ne prétendoit pas juger ſouverainement & ſans appel.

Le poème de l'Anti-Lucrèce le frappoit vivement; il étoit perſuadé qu'il falloit ſçavoir beaucoup, pour pouvoir le lire de ſuite & en ſentir toutes les beautés.

La poéſie lui paroiſſoit devoir

entrer dans l'éducation littéraire de la jeunesse. La mesure des vers latins & la rime de nos vers françois étant, selon lui, très-propres à donner au langage de la justesse & de la précision.

Quand M. de Fontenelle écrivoit au P. André sur la diversité de ses talens, le public n'étoit point encore en possession des ouvrages philosophiques, qui lui ont mérité depuis le suffrage des gens de Lettres. L'*Essai sur le Beau* ne parut qu'en 1741; l'Auteur céda aux instances de ses Supérieurs, mais il voulut conserver l'*incognito*. Ce premier Essai ne contenoit que quatre *Discours* lus dans l'Académie de Caen. On substitua mal-à-propos à ce titre naturel la division par *Chapitres*, qui ne pouvoit que défigurer l'ouvrage. Ce n'est pas la seule inexactitude que le P. André ait reprochée à ses premiers Editeurs, & qu'il ait réparée dans la troisième édition de ses ouvrages.

Celle-ci parut en 1763, du vivant de l'Auteur, qui se trouvoit alors entièrement maître de la forme & du fond de ses ouvrages. Nous avions offert à cet estimable Philosophe nos services, pour remplacer à l'égard de sa nouvelle édition, les correspondances qui lui manquoient dans la capitale. Une liaison de dix-huit années, dont nous avions eu l'avantage d'en passer cinq avec lui dans le commerce le plus intime, lui donnoit toutes sortes de droits sur notre zèle & notre attachement. Il accepta nos offres; & notre devoir fut de remplir ses intentions avec la plus scrupuleuse exactitude. Il a paru que nous avions réuſſi au gré du public & de l'Auteur lui-même, qui, dans la dernière lettre qu'il nous écrivit, peu de tems avant ſa mort, nous demanda également nos ſoins pour la ſuite de ſes manuſcrits, dont nous préſentons aujourd'hui une partie conſidérable.

L'édition de 1763, contient dix Diſcours dans les deux volumes. Les quatre premiers qui avoient paru en 1741, ont pour objets 1°. Le Beau en général, & en particulier le Beau viſible. 2°. Le Beau dans les mœurs. 3°. Le Beau dans les pièces d'eſprit. 4°. Le Beau Muſical. Ces quatre Diſcours avoient été réimprimés à Amſterdam, en 1759, par les ſoins d'un célèbre Académicien de Berlin (*a*). Le P. André, qui ne connut cette édi-

(*a*) M. Formey.

tion que par la voix publique, ne fut point content d'y trouver son *ouvrage flanqué de deux Discours qui lui étoient étrangers*. C'étoit une raison de plus qu'il nous donnoit (*a*) pour hâter l'édition de Paris. Les six Discours dont celle-ci est augmentée sont : 1°. sur le *Modus*, 2°. sur le *Decorum*, 3°. sur les Graces, 4°. sur l'Amour du Beau, 5°. & 6°. sur l'Amour désintéressé. (*b*) Ces dix morceaux paroissent former un traité complet du Beau ; la suite des ouvrages, fera voir que l'Auteur n'avoit pas épuisé la matière.

Dès la première édition de l'*Essai sur le Beau*, le public se décida sur le mérite de cet ouvrage, qu'on attribua aux beaux esprits les plus

---

(*a*) Lettre du 17 Août 1762.

(*b*) Ces deux Volumes furent imprimés à Paris, en 1763, chez Ganeau.

célèbres de la Capitale ; cependant le ton de décence qui régnoit dans cette compoſition, décela la profeſſion de l'Auteur. Délicat juſqu'au ſcrupule ſur le *Decorum*, le P. André avoit donné à ſa matière des bornes plus étroites que ne l'auroit fait un homme du monde ; il avoit ſçu couvrir *les Grâces* du manteau de la philoſophie, ſans empêcher de les reconnoître. Nous nous rappellons qu'en terminant le Diſcours ſur le Beau, il s'adreſſa ainſi aux femmes les plus diſtinguées de la Ville, qui décoroient l'aſſemblée Académique : *Si je n'avois que des Auditeurs, je craindrois d'en avoir trop dit ; mais je ne ſçais ſi je ne dois pas faire excuſe à la plus belle moitié de mon auditoire, d'avoir ſi long-tems parlé du Beau, ſans parler d'elle.* Ce compliment fut très-applaudi ; mais l'Auteur ne crut pas devoir le laisser subsister à l'impression.

Le public ne pût ignorer long-tems le nom d'un Auteur, dont l'ouvrage avoit fait une sensation si vive parmi les Gens de Lettres (*a*). La première édition s'étant bientôt épuisée, on sollicita le P. André d'en donner une seconde, en y joignant les nouveaux Discours qu'il avoit lus depuis à l'Académie de Caen. M. de Fontenelle fut un de ceux qui témoigna à cet égard le plus d'empressement (*b*); mais la

(*a*) M. de Fontenelle lui marquoit quelque tems après : *Je n'osai vous écrire dans le tems de l'Essai sur le Beau, parce que je vis qu'il y avoit du mystère & que vous vouliez garder l'incognito ; mais je vous assure que je vous aurois fait un compliment bien sincère, & qui vous aurois plu, si vous aviez cru que mon suffrage fût de quelque poids.*

(*b*) En 1744, M. de Fontenelle écrivoit au P. André, sur la suite de l'*Essai sur le* mort l'empêcha de partager à cet égard la satisfaction du public. Les six nouveaux Discours furent reconnus pour être de la même main; le jugement qu'on en porta dans les ouvrages périodiques fut uniforme. Nous ne connoissons qu'un Ecrivain (*a*) qui se soit élevé contre l'Essai sur le Beau, dont il attaqua le style & la logique. Avant lui, les Auteurs de l'Encyclopédie avoient proposé quelques doutes sur cet ouvrage. « La seule chose, disent-ils,

---

Beau, qu'on lui avoit annoncée : *Je serois curieux, M. R. P. de voir cette matière agréable par elle-même, quoique très philosophique, traitée par une main comme la vôtre. Si vous voulez que j'aie ma part du plaisir que vous ferez au public, je vous avertis qu'il faut un peu vous presser, si vous le pouvez; je n'ai pas le loisir d'attendre beaucoup ..... Ce que je souhaiterois encore plus que le* LE BEAU, *c'est que vous vinssiez ici.*

(*a*) M. d'Açarq, dans une brochure intitulée : *Balance Philosophique.*

» qu'on pût desirer peut-être dans » l'Essai sur le Beau, c'étoit que » l'Auteur développât l'origine des » notions qui se trouvent en nous » de rapport, d'ordre & de symmé- » trie ; car, du ton sublime dont il » parle de ces notions, on ne sçait » s'il les croit acquises ou factices, » ou s'il les croit innées «. On verra dans les volumes que nous présentons au public, que le P. André, qui se proposoit de traiter cette matière dans le plus grand détail, n'avoit garde d'entamer cette question dans ses premiers Discours ; il lui suffisoit pour traiter *du Beau en général*, *du Beau dans les mœurs*, &c. que dans tous les systêmes, on admît des idées universelles, immuables & éternelles. Quand à l'autre Censeur, qui quoique bien moins grave, prenoit le ton infiniment plus haut, en prêtant au P. André un ſtyle précieux qu'il n'avoit jamais connu, & un ſyſtême ſur les idées qu'il n'avoit point établi; ſa critique ne put perſuader au public que le ſuffrage général avoit prononcé trop tôt ſur la bonté de cet ouvrage. Elle fut relevée dans les Mémoires de Trévoux (*a*), où l'on trouve deux extraits de l'*Eſſai ſur le Beau.*

Les dix-huit Diſcours qui paroiſſent aujourd'hui, nous avoient été annoncés la plupart par l'Auteur lui-même, qui les retouchoit encore peu de mois avant ſa mort (*b*). Ils forment une eſpèce de Traité

(*a*) Voyez 1 Juillet, pag. 167.

(*b*) Outre les Diſcours que contiennent ces deux nouveaux volumes, il nous en reſte pluſieurs manuſcrits & lus également à l'Académie dont il étoit membre. En voici les ſujets : 1°. *ſur la méthode des Géomètres*; 2°. *ſur les merveilles du Cercle*; 3°. *ſur l'A-*

de l'homme selon les différentes merveilles qui le composent. Ils furent lûs pareillement dans la Société Littéraire de Caen ; ils y reçurent les mêmes applaudissemens. Nous laissons au public à justifier ce suffrage. C'est plutôt le caractère

---

rithmétique ; 4°. *sur une question proposée à l'Académie* (*de Caen*), *sçavoir si l'honnête-homme & l'homme d'honneur sont la même chose* ; 5°. *sur le Goût* ; 6°. *sur l'ascension des liqueurs dans les Thermomètres* ; 7°. *sur une Fable* ; 8°. *sur un triple Arc-en-ciel* ; 9°. *sur les merveilles de l'Arc-en-ciel* ; 10°. *sur les Nombres* en forme de récréation Académique ; 11°. *sur le Mouvement perpétuel* ; 12°. *sur cet axiôme : rien n'est beau que le vrai* ; 13°. *sur les modes Littéraires* ; 14°. *sur l'usage de la colère* ; 15°. *Divination pour apprendre à parler aux sourds & muets de naissance* ; 16°. Discours *sur l'idée de Dieu développée par la raison & par la foi* ; 17°. *sur l'entendement Divin* ; 18°. *sur la Nature de la volonté divine.* Nous ferons de ces Manuscrits, l'usage que nous croirons convenable à la réputation de l'Auteur & à l'utilité publique.

que l'éloge direct du P. André & de ſes ouvrages, que nous avons entrepris. Nous nous ſommes encore plus propoſé de faire connoître la perſonne, que les ouvrages?

On demandera qu'elle pouvoit être la trempe d'un eſprit qui ſavoit ainſi ſe plier avec un égal agrément, la même profondeur & la même juſteſſe, à la plus grande diverſité des ſujets.

Sans doute les études du P. André & ſes relations, ſervirent à former ſes goûts; mais ſes goûts décidèrent l'emploi de ſon eſprit & de ſes talens. Dès que ſes études commencèrent d'être de ſon choix, il ne s'attacha plus qu'aux lectures qui pouvoient cultiver & perfectionner les plus importantes facultés de ſon ame; c'étoit à la fortifier & à l'embellir l'embellir que travailloit sans relâche ce Philosophe, peut-être de tous nos écrivains de ce siècle le plus digne de ce nom. Il cultiva l'histoire ancienne & moderne; sa mémoire, qui en conservoit fidèlement jusqu'aux moindres traces, rendoit sa conversation fort intéressante, mais cette science n'eut qu'une place très-subordonnée dans ses études. *Cette science de faits & de mots*, disoit-il, *ne plaît tant aux hommes, que parce qu'ils aiment beaucoup ce qui ne coûte rien à penser; science de mémoire, qui rend l'homme aussi présomptueux que superficiel.*

Les Auteurs grecs & latins eurent une préférence marquée dans son estime & dans ses recherches; il ne voyoit dans beaucoup de nos modernes, que des copistes infidèles de ces premiers maîtres de génie &

de ſentiment. Il ne liſoit que pour apprendre à ſe paſſer des livres. Sa méthode, en les méditant, étoit de marquer ſur leurs différentes pages, non pas de ces anecdotes qui enrichiſſent la mémoire d'un ſavant, mais quelques-unes de ces idées fortes, lumineuſes, fécondes, propres à étendre les vues & à développer le génie d'un philoſophe. Cette hiſtoire, pour ainſi-dire, des penſées des hommes, qu'il compoſoit par ſes lectures, lui paroiſſoit préférable à toute autre; il y trouvoit la marche de la raiſon humaine & ſes écueils. C'étoient autant de matériaux, pour les nouveaux trophées qu'il devoit élever à la raiſon & à la bonne philoſophie. C'étoient autant de germes qu'il ſavoit múrir & développer par une profonde méditation. Une lecture un peu réfléchie des ouvrages du P. André, laiſſe entrevoir les principales ſources de ſes idées & de ſes raiſonnemens. Nous nous ſouvenons qu'après avoir entendu pluſieurs de ſes Diſcours, nous eûmes plus d'une fois la curioſité de rechercher dans les livres qui préſentoient encore les traces (*a*) récentes de ſa lecture, ce que ces veſtiges pouvoient avoir de commun avec ſes ouvrages, & nous découvrions ſans peine la filiation de ſes idées, dans leur rapport avec celles des anciens qu'il conſultoit, ou même de quelques modernes, mais en petit nombre, auxquels il s'étoit attaché. Ainſi, l'on pourroit retrouver dans S. Auguſtin les idées primitives de plu-

(*a*) C'étoient de petits papiers collés, dont les tranches de ces livres ſe trouvoient hériſſées.

ſieurs Diſcours du P. André ; celles du Beau en général, dans le Livre *de la vraie Religion*, dans celui *de la Cité de Dieu*, & dans quelques lettres de ce grand Docteur ; celles du Diſcours ſur la Mémoire, dans *le Livre des Confeſſions* ; &c. Dans Platon, le deſſein du Diſcours *de l'Amour du Beau*, & beaucoup de matériaux qui ont ſervi au *Diſcours des Grâces* ; & dans les œuvres de Deſcartes & de Mallebranche, l'Eſprit philoſophique qui ſaiſit à la lecture de ſes ouvrages, & la ſource de beaucoup de principes qui les caractériſent. L'attachement du P. André pour ces deux hommes ſi célèbres, étoit très-vif dans le ſentiment, mais modéré dans ſes conſéquences : homme ſolide dans les motifs & la fin de ſon travail, il avoit épouſé la vérité, mais il étoit fort éloigné d'époufer aucun des partis qui fe la difputent.

Defcartes lui fembloit le génie le plus grand, le plus vafte, le plus pénétrant, le plus jufte & le plus raifonnable qui eût exifté; il n'en exceptoit que S. Auguftin. Il trouvoit que ce Reftaurateur de la Philofophie, qui avoit embraffé prefque toutes nos connoiffances, leur avoit donné l'enchaînement le plus naturel & le plus lumineux, en développant la liaifon intime des vérités métaphyfiques, avec les vérités phyfiques & morales. Né philofophe, le P. André éprouva à la lecture de Defcartes, cette force fympathique (*a*) qui avoit faifi le célèbre Mallebranche, en lifant *le*

(*a*) C'eft ainfi que quand M. de Fontenelle donna fa Géométrie de l'infini; le P. André lui exprima d'une manière très-

Traité de l'homme. Il lui parut que la vérité, qui juſqu'alors ne s'étoit montrée à lui que par des profils très-imparfaits, ſe faiſoit voir pour la première fois en face; & l'hommage qu'il lui rendit ne put être ſans une vive reconnoiſſance pour Deſcartes. Ajoutons que ce ſentiment ne fut point aveugle. Le P. André connut toute la force & la beauté du génie de Deſcartes, mais il ne put s'empêcher d'y apperce-

agréable, le ſentiment d'admiration qu'elle avoit excité dans lui. *S'il eſt, Monſieur, de la reconnoiſſance dans le monde, vous devez être accablé de remercimens, pour les importans ouvrages, dont vous enrichiſſez depuis longtems la République des Lettres . . . J'ai ſenti, en vous liſant, les mêmes tranſports que j'ai éprouvés autrefois dans la lecture des principes du grand Deſcartes, qui me préſentoit un ſi beau deſſein; & dans celle de la fameuſe Recherche du P. Mallebranche, qui me découvroit un nouveau monde, où j'étois depuis ſi longtems, ſans le ſçavoir,* &c.

voir les traces de la foiblesse humaine ; encore étoient-ce de ces taches qui ne pouvoient être apperçues qu'à la lueur de ce flambeau philosophique, qu'avoit fourni le grand Descartes lui-même.

En 1705, notre Auteur fit connoissance avec le P. Mallebranche, qu'il trouva tel que ses livres le dépeignoient, plein de raison & de christianisme. Leur liaison fut très-étroite, & leur commerce de lettres ne finit qu'à la mort du P. Mallebranche, au mois d'Oobre 1715.

La Philosophie du P. Mallebranche, fit sur le P. André une impression plus vive encore que n'avoit fait celle de Descartes. Ce n'étoit plus seulement un nouveau monde philosophique qui sortoit, pour ainsi dire, du cahos de la raison humaine ; c'étoit la Religion même qui recevoit un nouvel éclat ; & dont les vérités sublimes acquéroient par la philosophie un nouvel ordre, une nouvelle lumière, & presque de nouveaux moyens de conviction pour tous les esprits raisonnables. C'étoit dans Mallebranche, un disciple qui s'élevoit au-dessus de son maître. Une raison mâle, un esprit délié, une grande élévation de sentimens, une imagination vive & féconde, donnoient dans le P. Mallebranche, un grand relief à ce goût de Religion que respiroient tous ses ouvrages. Sa méthode étoit celle de Descartes. Cette méthode analytique, qui accoutume l'esprit à considerer chaque chose dans son principe, maniée habilement par le P. Mallebranche, devenoit merveilleuse pour simplifier le systême moral de l'univers l'univers, les ressorts de la Providence dans la conduite de l'homme, & toute l'économie de la Religion. Tout s'y trouvoit ramené à Dieu & à son Verbe, au moyen des loix générales, selon lesquelles Dieu agissoit également sur les corps & sur les esprits. A ce principe, étoient attachés le fil important des vérités de la Religion dans le dogme & dans la morale; l'ordre de cet univers & le bonheur de l'homme. Dieu à la tête du monde entier, en devenoit dans ce systême, l'unique agent; & toute lumière se rapportoit à lui comme à son centre.

Nous ne suivrons point ici dans ses conséquences, un systême qui a l'avantage de répondre à beaucoup de difficultés, & l'inconvénient d'en faire naître de très-grandes; un syftême qu'on peut comparer à l'Univers, tel que le forme le P. Mallebranche lui-même, où beaucoup de défectuofités naiffent de l'ordre & de l'harmonie qui le compofent.

Nous obferverons feulement, que cet accord de la Philofophie & de la Théologie dans l'Auteur de la Recherche de la vérité, plut fingulièrement au Philofophe, objet de cet éloge. A voir, à lire, à entendre le P. André, il fut facile de découvrir entre ces deux hommes quantité de rapports très-frappans. Tous deux épris de la Philofophie de Defcartes, travaillèrent à la faire fervir à étendre la connoiffance & l'amour de la Religion; tous deux ne connurent de vraie Philofophie, que celle qui pouvoit tourner à la gloire du Chriftianifme, fur ce principe le plus fenfé & le plus invariable, que la vérité eſt une, qu'une vérité ne peut être oppoſée à l'autre; & que ce qui eſt théologiquement vrai ne peut jamais être philoſophiquement faux. Théologiens vivement éclairés ſur la Religion, tous deux s'accordèrent dans leur premier principe, qu'on doit regarder comme la clef de tout le Chriſtianiſme, & dont on peut faire un excellent uſage, en le détachant de leur ſyſtême; c'eſt d'avoir vu toute la Religion chrétienne dans Jéſus-Chriſt, en ne ceſſant de le préſenter aux hommes, comme leur maître, leur modèle & toute leur lumière. Philoſophes dans l'ame, tous deux le furent dans leurs actions, par une indifférence marquée pour leur corps; l'eſprit eut tant d'aſcendant ſur leurs paſſions, que les captivant toutes pour lui-même, à peine leur laiſſoit-il le ſentiment du corps. Hommes d'ordre & réglés juſques dans les moindres actions, le P. Mallebranche & le P. André ſe peignoient ſi parfaitement dans leurs ouvrages, que les voir, c'étoit déja les lire; les goûter dans leurs ſyſtêmes, c'étoit les aimer dans leur caractère. Doués l'un & l'autre d'une imagination vive & brillante, ils répondirent différemment à cette faveur. Mallebranche qui en craignoit les écarts, ſans croire en être coupable, en vouloit éteindre tout le feu dans ſes diſciples; le P. André qu'elle avoit ſi bien ſervi dans ſes compoſitions Académiques, aimoit à en favoriſer l'eſſor dans les jeunes gens. L'un ne ceſſa de ſe déclarer ennemi des Poëtes, l'autre crut ſervir la Philoſophie en lui aſſociant les Muses. Tous deux pacifiques par caractère ; le premier eut toujours les armes à la main, pour défendre son système ; le second sçut se dérober prudemment à l'attaque, il eut moins d'éclat & plus de bonheur. Si le P. André crut devoir mitiger en Philosophie les principes de son maitre (*a*) ; il sçut également tempérer ce qu'il avoit emprunté de son caractère, par beaucoup d'aménité.

Après la mort du P. Mallebranche, le P. André composa l'histoire de la vie & des œuvres de ce Philosophe. Ce morceau peut être regardé comme un ouvrage d'esprit

(*a*) Outre que l'on s'apperçoit dans ses ouvrages, de cette modération, nous trouvons dans les cahiers qu'il dicta sur la Philosophie, beaucoup d'assertions contre Malebranche.

& de sentiment. Notre Auteur y parle en maître de tout ce que la Théologie, la Métaphisique, & la Morale du P. Mallebranche ont de plus relevé, en écrivain parfaitement instruit des moindres circonstances de sa vie & de ses guerres Littéraires. Le cœur s'échappe par mille endroits, sur-tout lorsqu'il s'agit de quelque trait historique, ou de quelque découverte qui peuvent faire honneur à la Religion (*a*). C'est par-là que le systême de Mallebranche avoit captivé le sentiment & les opinions du P. André.

Nous n'avons encore présenté ce

(*a*) Cet ouvrage n'a point encore paru. La copie que nous en avons est trop défectueuse, pour qu'il nous soit permis d'en faire usage. Nous avons oui-dire qu'il en existoit une autre plus complette. Celui qui en est le possesseur, obligeroit certainement le public, s'il vouloit la communiquer.

Philoſophe, que par les travaux & les ouvrages qui le caractériſent. Ce ſeroit cacher la plus belle moitié du tableau, que de manquer à peindre ſon cœur & ſa religion.

Honnête homme dans toute l'étendue de ce titre, le P. André ſe montra toujours plein de franchiſe & de droiture. Ses amis auroient voulu qu'il eût pu quelquefois taire des vérités importunes, dont le contre-coup pouvoit retomber ſur lui-même; mais un amour vif de la vérité ne lui laiſſoit aucun ſentiment de l'intérêt perſonnel. Perſonne ne ſaiſiſſoit avec plus de juſteſſe un faux ou un travers dans la conduite. Il avoit fait de l'homme une étude ſi longue & ſi réfléchie, que le cœur humain ne pouvoit lui échapper dans ſes détours. S'agiſſoit-il d'apprécier dans la converſation ou dans ſes ouvrages les grands hommes, ou les acteurs les plus importans de la ſcène du monde ? il avoit pour les juger, ce coup-d'œuil philoſophique qui dépouille l'homme de ſon perſonnage ; & le mérite reel, de l'éclat extérieur qui en impoſe. C'étoit dans la nobleſſe & dans la droiture de l'ame, qu'il recherchoit la vraie grandeur. Auſſi trouvoit-il ſouvent à rabattre de l'opinion commune ; non qu'il fût ennemi d'aucun mérite ; mais il ſouffroit impatiemment de voir les paſſions les plus dérèglées, uſurper le tribut qu'on doit aux grandes vertus. L'adulation dans ce genre, lui ſembloit une ſorte d'idolatrie, contre laquelle il falloit au moins proteſter.

Cette liberté philoſophique, incapable de diſſimulation & étendue à tous les genres de mérite, eut rendu le P. André d'une société difficile, s'il n'eût trouvé dans son cœur le frein même qui devoit la règler. Un caractère doux & honnête, le mettoit en garde contre tout ce qui pouvoit blesser l'amour-propre dans les autres. D'ailleurs, ce sentiment exquis de toutes les bienséances qui s'annonçoit dans ses actions & ses discours, une gaieté naturelle & par cela même toujours égale, étoient bien propres à tempérer l'austérité philosophique. Son caractère transpiroit dans ses lettres vives & ingénieuses (*a*).

(*a*) C'est ainsi qu'en jugeoit M. de Fontenelle : Il lui écrivoit en 1735, après avoir lu un de ses manuscrits. *Je le trouve très-bien écrit, très-purement & très-élégamment, ce qu'on appelle ici du ton de la bonne compagnie.*

Avec de pareils avantages, le P. André mérita d'avoir des amis. Il avoit ses momens règlés pour les cultiver. Il se délassoit avec eux des fatigues de l'esprit, par les épanchemens du cœur; froid en apparence & peu prévenant dans le premier abord, le sentiment se développoit chez lui à proportion de l'intérêt qu'il trouvoit dans les autres, & qu'il lui étoit si facile de

En effet, ce ton-là vous est si naturel, qu'il n'y a pas jusqu'à vos lettres qui n'en soient.

Une perte pour moi, lui dit-il dans une autre lettre, *& pour Paris même, c'est que vous ne soyiez pas ici. Je juge par vos lettres que vous devez être d'un commerce agréable. Et assurément nous sentirions bien ici tout ce que vous valez; quoique je ne doute pas que ces Bas-Normands avec qui vous vivez, & qui sont gens d'esprit fin & délié, ne s'en apperçoivent bien aussi...... Mais Paris est en possession d'attirer les gens de mérite de toute espèce; & il n'y a point de vertu attractive mieux prouvée que la sienne.*

faire naître. Fait pour ſe lier avec tous les genres de mérite, il eut des amis dans preſque tous les états, & ſçut ſe les conſerver juſqu'au dernier moment. Sa converſation, pleine d'ame, ſouvent enjouée, toujours raiſonnable, fit chérir à ſes amis les douceurs de ſa ſociété, où l'eſprit ſe formoit ainſi que le cœur, & où la Religion ne ceſſoit de conſerver ſes droits.

En aſſurant que la piété du P. André étoit très-éclairée & très-ſolide, nous ne ſurprendrons aucuns des lecteurs de ſes ouvrages. Point de diſcours, même en matière purement profane, où l'on ne trouve quelqu'une de ces vérités importantes, ou de ces ſentimens religieux, qui annoncent le chriſtianiſme d'un Auteur. Le Mallebranchiſme ne formera jamais des chrétiens médiocres ; aussi n'a-t-il point fait secte parmi nous. On a pu reprocher aux partisans de Mallebranche de la singularité dans les idées, de la nouveauté même dans la maniere d'expliquer plusieurs de nos dogmes ; on a pu opposer à leur métaphysique des objections autant & plus frappantes que les preuves de leurs opinions ; mais on a été forcé de convenir qu'un systême qui donnoit à l'homme son Dieu pour agent universel, pour confident intime, pour interprête fidele, & pour continuel interlocuteur, ne pouvoit produire qu'un frein redoutable aux passions, un vif attrait pour l'ordre & la régularité, une invitation touchante pour la vertu, une source inépuisable de consolation dans le témoignage de la bonne conscience.

A ces titres, le P. André fut mille fois plus Mallebranchiste dans la conduite que dans les opinions. Maître de lui-même, ni la colère, ni l'intérêt, ni l'ambition, ni les plaisirs des sens, ne parurent jamais altérer la tranquillité de son ame. Dur à son corps, il ne lui accordoit en sommeil & en alimens, rien au-delà du nécessaire. Fidèle à la pénitence de l'Eglise, il n'interrompit que dans les derniers jours de sa maladie l'abstinence & le jeune de précepte. Il répondoit à ceux qui lui représentoient son grand âge, qu'*il connoissoit bien un tems pour commencer cette pénitence, mais qu'il n'en voyoit point pour la finir.* Persuadé que le corps en demandoit toujours trop, il ne cessa de disputer avec lui; sur ce principe, que la vie d'un chrétien étoit par état une vie pénitente, on lui entendoit dire souvent que *quand nous sommes à moitié bien dans le monde, nous y sommes la moitié mieux que nous ne méritons.*

Observateur régulier des devoirs de son état, il en concilia toujours les exercices avec la plus grande activité dans le travail, convaincu que la pratique de la vertu commandée, étoit toujours la seule qui fût dans l'ordre. Travail du cabinet, enseignement public, assiduité au ministère de la confession, direction même de quelques maisons Religieuses, exercice de Communauté, tout s'allioit chez lui sans confusion comme sans effort. Résigné à la Providence dans les vicissitudes qu'il éprouva dix-huit mois avant sa mort, il sentit avec reconnoissance ce que des considérations particulières pour son mérite, apportoient d'adoucissement à sa situation (*a*); & sçut trouver dans la pratique constante des vertus chrétiennes & religieuses, & dans un travail assidu, une source inépuisable de consolation.

C'étoit l'effet de cette piété tendre & affectueuse, que l'étude n'avoit point desséchée; il la nourrissoit chaque jour par la lecture de

---

(*a*) Il nous écrivoit au mois d'Août 1762, que le Parlement de Rouen avoit pourvu à sa subsistance, beaucoup au-de-là de ses desirs, en mandant au Lieutenant Général de Caen, de lui accorder absolument & sans aucune condition, ce qu'il demanderoit; ce qui lui avoit été notifié par un de MM. les Conseillers de cette Cour, ainsi qu'à M. le Prieur des Chanoines Réguliers de l'Hôtel-Dieu de cette Ville, chez lesquels il venoit de se retirer, après la dissolution du Collége des Jésuites. Le P. André n'a cessé de se louer des égards, des attentions, & de la compagnie de ses nouveaux Hôtes.

l'Ecriture Sainte & du livre de l'Imitation, & par la célébration de nos saints Mystères. La connoissance & l'amour de Jésus-Christ, furent l'ame de ses travaux & le fondement solide de sa piété (*a*). Il parloit des Mystères de l'Homme-Dieu, avec effusion de cœur; de la beauté de la Religion Chrétienne, de ses

---

(*a*) Nous trouvons presqu'à la tête de tous ses Manuscrits, cette devise : *Gloria per Christum Deo* ; & beaucoup sont terminés par cette courte prière : *Seigneur la grâce de mériter par mes travaux de vous faire voir en tout, & tout en vous.*

Le P. André avoit composé autrefois quelques pièces sur le nom de Jésus. En voici une que nous avons trouvée parmi ses papiers.

O Jesu ! ô natum nostra ad solatia Nomen !
Tu mel in ore sapis, carmen in aure sonas.
Tu menti lux es, tu cordi sancta voluptas,
Toti animæ nectar, ambrosiusque cibus.
Si tantas habet illecebras vel nominis umbra,
Res ipsa in cœlo gaudia quanta dabit !

consolations;

consolations, de l'ingratitude des hommes qui l'attaquent, des écrits pernicieux qui l'outragent, avec la plus grande sensibilité; il s'attendrissoit alors jusqu'aux larmes. Cette foi vive & cette piété tendre, ne l'abandonèrent point dans les derniers momens; tantôt il rappelloit les preuves de la Religion, tantôt il répétoit les noms de Jésus & de Marie. C'est dans ce pieux exercice & avec toute sa présence d'esprit, qu'il consomma une vie toute de prière & de travail.

Le P. André mourut à Caen, le 26 Février 1764 (*a*), après six jours d'une fièvre maligne, dans la quatre-vingt neuvième année de son âge.

(*b*) Le 7 Juin suivant, l'Éloge du P. André fut lû à la séance publique de l'Académie de Caen, par M. Rouxelin, Sécretaire perpétuel. Quoique moins étendu que le nôtre, ce discours honore la mémoire du P. André,

Sa mort ne ſut point, comme on pourroit le croire, l'effet d'une défaillance de nature. Sa ſanté fut toujours aſſez délicate; mais l'ordre & la ſobriété de ſon régime lui laiſſèrent éprouver peu de maladies; il eut dans les dernières années quelques infirmités. Cependant, il lui ſembloit à lui-même qu'il vieilliſſoit à des conditions bien ſupportables.

Ses Manuſcrits paſſèrent entre les mains d'un ami, qu'une liaiſon de vingt années, mais plus encore une piété ſolide, un heureux caractère, un eſprit très-cultivé, lui avoient rendu infiniment cher. Ce dépôt

---

qui méritoit d'emporter les regrets d'une Compagnie ſçavante, qu'on ſçait être très-dévouée aux progrès & à l'honneur des Arts & de la Littérature. Cet éloge a paru imprimé.

que nous avons reçu des mains de l'amitié, nous le présentons au Public par l'effet du même sentiment; & par le zèle que doit inspirer pour la mémoire d'un Auteur, l'accord si rare des qualités d'un très-bel esprit, des caractères d'un honnête-homme, & des vertus d'un chrétien régulier, d'un Religieux fidele & d'un Prêtre très-exemplaire.

FIN.

www.ingramcontent.com/pod-product-compliance
Ingram Content Group UK Ltd.
Pitfield, Milton Keynes, MK11 3LW, UK
UKHW020410180726
13839UKWH00003B/1296

9 782329 223773